AF321354

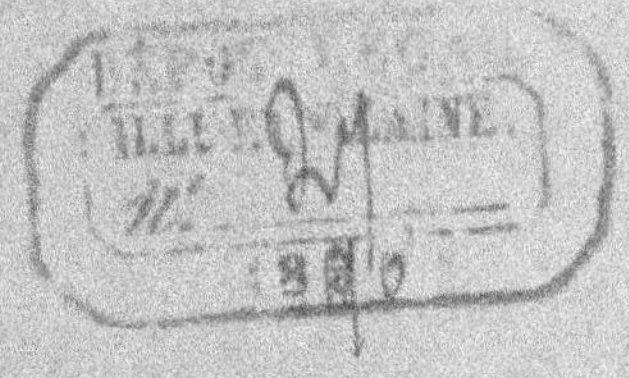

DISCOURS

PRONONCÉ PAR

Monseigneur l'Évêque de Vannes

le 5 septembre 1889, dans l'église de Pluvigner

AU MARIAGE DE M. LE VICOMTE

Achille ESPIVENT DE LA VILLESBOISNET

ET DE MADEMOISELLE

Anne HARSCOUËT DE SAINT-GEORGE

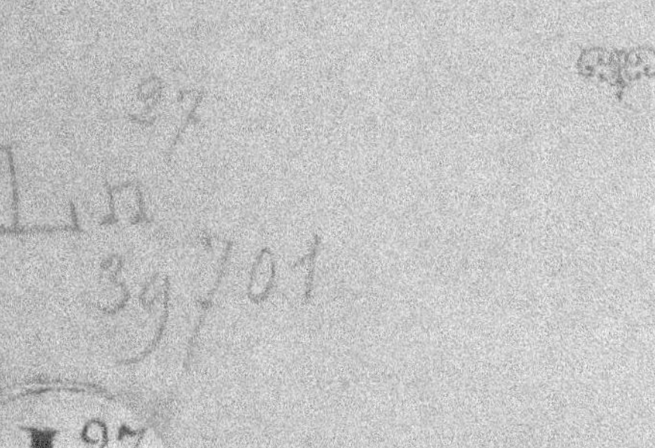

DISCOURS

PRONONCÉ PAR

MONSEIGNEUR L'ÉVÊQUE DE VANNES

le 5 septembre 1889, dans l'église de Pluvigner.

AU MARIAGE DE M. LE VICOMTE

Achille ESPIVENT DE LA VILLESBOISNET

ET DE MADEMOISELLE

Anne HARSCOUËT DE SAINT-GEORGE

MONSIEUR,

MADEMOISELLE,

POUR bien des motifs qu'il est inutile d'énumérer ici, je me félicite d'avoir été appelé à bénir votre mariage. C'est, d'ailleurs, une si grande joie pour quiconque aime l'Église et la France, de voir se fonder un foyer vraiment chrétien au milieu de toutes les ruines religieuses et sociales qui s'accumulent autour de nous, et qui offrent un contraste frappant avec ces vieilles Maisons où se conservent soigneusement, de génération en génération, l'honneur, la foi, les vertus des ancêtres.

Bénissez Dieu des privilèges qui résultent pour vous de votre naissance et de votre éducation. La voie nouvelle qui s'ouvre devant vous a été frayée avec une dignité si parfaite par vos ascendants, que vous pouvez vous y engager avec confiance, à la condition de ne jamais perdre de vue les traces de ceux qui vous y ont précédés.

Laissez-moi rappeler un fait évangélique dont il est facile de faire aujourd'hui l'application :

« En ce temps-là, rapporte saint Jean, il se fit des noces à Cana, en Galilée, et la Mère de Jésus y était. Jésus y fut aussi convié avec ses disciples. Et le vin venant à manquer, la Mère de Jésus lui dit : Ils n'ont plus de vin. Jésus lui répondit : Femme, qu'y a-t-il de commun entre vous et moi? Mon heure n'est pas encore venue. — Sa Mère dit à ceux qui servaient : Faites tout ce qu'il vous dira. »

Vous savez le reste. L'évangéliste conclut, en disant que ce fut le premier miracle accompli par Jésus, que l'on y vit éclater à la fois sa puissance et sa bonté, et que ses disciples crurent en lui.

Les époux de Cana étaient gens de qualité; jouissant d'une grande considération et de l'estime publique. La présence de Jésus et de Marie à cette fête de famille fut pour eux un honneur incomparable et une source inépuisable de bénédictions.

Vous n'avez rien à leur envier. Jésus assiste à vos noces. Du fond de son tabernacle, il vous bénit par la main de son représentant. Si Marie n'est pas réellement présente à cette imposante cérémonie, elle vous protège du haut des cieux, et sollicite pour vous toutes les grâces d'état dont elle sait que vous avez besoin.

Les interprètes de nos Livres Saints ont considéré la venue de Jésus à Cana comme un symbole et une annonce de la prochaine élévation du mariage à la dignité de sacrement. Saint Paul l'appelle *un grand sacrement*. L'Apôtre ajoute que les époux doivent s'aimer comme Jésus-Christ aima l'Église, d'un amour vrai, pur, unique, indéfectible.

De telle sorte que l'union de Jésus-Christ avec l'Église est le type de l'union des époux chrétiens.

Jugez de la dignité d'un état de vie pour lequel il propose un tel exemple, et de la douceur d'une union pour laquelle il exige un pareil amour!

Certes, il n'est pas facile de copier un semblable modèle. Les esprits élevés, les cœurs droits, sincères, constants, ne s'y appliquent pas en vain. Courage donc! Des époux chrétiens rivalisent d'ardeur, de générosité, de prévenance, d'abnégation, et, s'il le faut, de sacrifices. Ils ne mesurent pas leur bonheur à la durée de la vie terrestre. Leur âme immortelle a faim et soif d'une félicité sans partage et sans bornes. Revêtus d'une sorte de sacerdoce, ils sont comme associés à la puissance et à l'autorité de Dieu créateur, à sa Providence, à l'égard de leurs enfants. Heureux ceux qui ont reçu, avec les traditions de leurs familles, les leçons et les exemples qu'ils devront transmettre à leurs descendants!

Monsieur et Mademoiselle, vous êtes du petit nombre de ces élus. Les La Villesboisnet, les Saint-George, les La Bourdonnaye, les Le Boulanger, ont su garder intact l'héritage de foi, de probité, de bienfaisance reçu de leurs aïeux. Ayant conscience de leurs obligations, ils se sont efforcés de les remplir sans peur et sans reproche, sans ostentation et sans faiblesse, devant Dieu et devant les hommes. Vous ajouterez un anneau de plus à cette chaîne d'or sans alliage.

J'ai lu, Monsieur, dans nos vieilles annales, un trait dont vous aurez à cœur de faire votre profit au cours de votre vie publique et à l'ombre tutélaire du foyer domestique.

Louis IX avait fait graver sur l'anneau offert à sa fiancée, ces trois mots : DIEU, FRANCE, MARGUERITE. Ce grand roi avait coutume de dire : « Hors de cet *annelet,* je n'ai pas d'amour. » Vous savez s'il tint parole. Apprenez de ce monarque à gouverner votre intérieur comme il gouverna son royaume, à diriger vos pensées et vos sentiments vers les personnes et les choses qui solliciteront légitimement votre esprit et votre cœur.

Avant tout, le service de Dieu, l'obéissance à ses commandements et à ceux de son Église.

Mais la pratique de la religion, loin d'éteindre la flamme du patriotisme, la ranime et l'alimente.

Vous continuerez, Monsieur, de montrer que les meilleurs chrétiens ne sont pas les moins bons Français.

Il n'est pas nécessaire de porter l'épée pour servir utilement notre pays, où le noble métier des armes compte de si vaillants champions. Je m'estime heureux de saisir cette occasion solennelle pour saluer l'éminent officier général qui, après avoir eu l'heureuse fortune de porter à l'auguste exilé de Gaëte la bonne nouvelle de la pacification de Rome, dut, vingt ans plus tard, se résigner à combattre l'émeute dans une des principales villes de France, où il parvint, par son sang-froid et son énergie, à rétablir promptement l'ordre, et à rendre la confiance à tous les bons citoyens. Si vous n'êtes pas appelé, comme votre père, à commander en chef sur un champ de bataille, vous occuperez peut-être un jour, avec la même sagesse et le même dévouement, la place qui lui était destinée dans le premier Corps de l'État, à la fin d'une carrière si bien remplie.

J'ose ajouter que, par excès d'humilité, vous ne devriez pas vous soustraire, comme celui qui va devenir votre beau-père, aux suffrages de vos concitoyens. Ce noble cœur, que l'on trouve toujours lorsqu'il y a une bonne action à faire, une misère à soulager, un bel exemple à donner, vous prouvera, du reste, que, tout en déclinant les honneurs de la représentation nationale et autres distinctions qui paraissent la plupart du temps si dignes d'envie, on peut ne point aller grossir le nombre, trop considérable, hélas! des oisifs, des égoïstes et des insouciants.

M. de Saint-George me pardonnera ma franchise, en retour du profond attachement que je lui ai voué.

Regardez avec complaisance, Monsieur, la gracieuse jeune fille assise à côté de vous; elle consent à vous donner sa main et son cœur. Ayant appris de son excellente mère, aussi pieuse que distinguée, la pratique de toutes les vertus et des bienséances sociales, elle sera une épouse fidèle, aimante, dévouée, une compagne inséparable et prête à partager vos peines et vos joies, vos craintes et vos espérances. Vous la respecterez, vous la protégerez, vous l'édifierez. Telles sont les louables habitudes et les touchantes aspirations des châtelains de Kéronic. Il ne s'agit pas seulement entre vous d'une association d'intérêts matériels et de plaisirs vulgaires. Vous entreprenez de fonder un foyer chrétien, où régneront la paix et le contentement que procure le devoir accompli sous les regards et la protection de Dieu. Disons-le hautement, ils ne sont pas aussi nombreux qu'on le pense, ces sanctuaires de la famille. Dans le vôtre, comme dans la Maison royale du temps de saint Louis, ces trois mots : Dieu, France, Anne, résumeront tous vos devoirs et feront le charme de votre intimité.

N'êtes-vous pas résolue, Mademoiselle, à vous montrer la femme aimable, pieuse, forte, désireuse de toujours plaire à votre époux, à la condition de ne jamais déplaire à Dieu? Pour y parvenir, il vous suffira de vous laisser aller aux inclinations de votre cœur plein de tendresse, de vous souvenir des conseils de votre mère et de toutes les qualités dont elle a fait sous vos yeux un usage digne d'éloge et d'imitation.

Considérant, Monsieur et Mademoiselle, la situation qui vous est faite, les précautions prises pour assurer, autant que possible, votre avenir, l'affectueux intérêt dont parents et amis, prêtres et fidèles, vous donnent aujourd'hui un témoignage si encourageant, que pourrait-il bien manquer à votre bonheur? Hélas! il serait puéril et cruel de vous bercer d'illusions que dissiperaient bientôt les réalités de l'existence. A tout âge, dans toutes les conditions sociales, nous sommes exposés aux tristes retours des choses d'ici-bas. Les plus légitimes jouissances renferment un fond d'amertume qui nous rappelle notre déchéance originelle, dont il est la conséquence inévitable. Soyez donc disposés à faire de nécessité vertu, à rendre méritoires les épreuves auxquelles, tôt ou tard, vous n'échapperez pas. N'oubliez jamais les recommandations de la très sainte Vierge. Après avoir fait observer à son Jésus que vous n'aurez plus assez de ce vin généreux d'une autre sorte, absolument nécessaire aux époux chrétiens, le suppliant tantôt de modérer vos ardeurs trop naturelles, tantôt de stimuler votre dévotion, en un mot, de subvenir à tous vos besoins, elle s'adressera ensuite à vous : « Faites tout ce qu'il vous dira, » ajoutera-t-elle. Observez sa loi ; aimez-vous en lui et pour lui, comme il a aimé son Église. Que vos pensées, vos sentiments, vos désirs et vos actes soient toujours subordonnés à son bon plaisir.

Ayant l'un et l'autre le bonheur d'être Bretons, vous devez encore mettre votre confiance dans une autre Protectrice non moins fidèle, sinon aussi puissante. J'aime à voir les jeunes mariés s'empresser de faire un pèlerinage à Sainte-Anne-d'Auray. En récitant les litanies de notre glorieuse Patronne, qui est spécialement la vôtre, ma chère enfant, ils peuvent bien être quelque peu surpris d'y trouver cette invocation, qui ne paraît point en harmonie avec les premières et si douces émotions de leur vie commune : « Consolation des personnes mariées, priez pour nous ! » C'est un avertissement, dont ils comprennent plus tard l'opportunité et l'importance. Ils s'en retournent, emportant l'assurance que sainte Anne n'oubliera point tout ce qu'ils lui ont dit dans cet épanchement inaccoutumé. Et c'est avec une piété vraiment filiale qu'ils placent dans leur demeure l'image de la Mère et de la Fille, les priant de s'en constituer à jamais les gardiennes vigilantes et incorruptibles.

Monsieur et Mademoiselle, le moment est venu de vous donner l'un à l'autre, librement, sans réserve et pour toujours, au pied de cet autel où réside *Celui qui sonde les cœurs et les reins,* sous les regards attendris de toute cette assemblée, conduite ici par la parenté, l'amitié ou la reconnaissance. Ayez confiance ! Votre union se contracte sous les meilleurs auspices. Vous êtes en spectacle aux anges et aux hommes. Ceux-ci et ceux-là forment des vœux ardents pour votre bonheur, qu'il plaise à Dieu de les exaucer !

Vous savez que j'ai sollicité et obtenu l'autorisation de vous bénir au nom du Vicaire de Jésus-Christ. Si la bénédiction d'un père et d'une mère porte bonheur à leurs enfants, quelle ne doit pas être l'efficacité de la bénédiction du Père commun des fidèles ! Vous en connaissez le prix, et vous la recevrez avec foi, espérance et gratitude, à la fin de cette émouvante cérémonie.

Typ. Oberthür, Rennes—Paris (345-98).